Gebundene Gedanken

Impressum

*Bibliografische Information der
Deutschen Nationalbibliothek: Die
Deutsche Nationalbibliothek verzeichnet
diese Publikation in der Deutschen
Nationalbibliografie; detaillierte
bibliografische Daten sind im Internet
über http://dnb.dnb.de abrufbar*

Text und Foto: ©Karl Miziolek

*Satz und Layout: © Karl Miziolek
www.wortbilder.at*

*Herstellung und Verlag:
BoD – Books on Demand, Norderstedt*

ISBN 9783734783470

Karl Miziolek

Gebundene Gedanken

Ein bunter Strauß
Aphorismen und Sprüche

*Oft spiegeln sich
unsere Gedanken
in der Stimmung der Natur*

*Der Duft von
Frühlingsblumen
ist das Parfüm der Jugend*

Im weiten Land
der Seele
findet jeder seine Heimat

Wenn die Sonne untergeht
ist es vermutlich
der einzige Abschied
den wir als schön empfinden

*Bei so manchem Gehirn
eines Politikers
wäre es besser es hätte
eine Kontaktleiste
dann könnte man es
leichter austauschen*

*In der Wut
sagen wir Worte
die Herz und Hirn
ausschalten*

Tautropfen
können glitzern
wie Reichtum
oder aussehen
wie die Tränen einer
geschundenen Natur

Das Alter spricht
mit dem Herzen
die Jugend oft
mit dem Mund

Je länger du
auf den Berg hinauf gehst
umso schwerer
wird dein Schritt
aber umso leichter
die Gedanken

Mancher hört lieber
auf die Stimmen anderer
als auf seine innere

Es gibt Momente
und Wege
da ist Einsamkeit
Labsal für die Seele

Nicht im Trubel
in der Stille
spürst du
dass du lebst

Der Poet bearbeitet Steine
mit Worten
der Bildhauer mit
dem Meißel
die Natur mit Geduld

Die Liebe
ist ein Spiel heißt es
ja es gibt immer Sieger
und Verlierer

An die Zukunft kannst
du denken
von der Vergangenheit
nur träumen
die Gegenwart aber
die kannst du leben

Gedanken
lass sie ziehen
auch sie brauchen
ihre eigenen Wege

*Je länger man
in einem
sicheren Hafen liegt
umso öfter
kreisen die Gedanken
um die vergangenen
stürmischen Fahrten
auf dem Weltmeer
des Lebens*

*Hunger ist oft
der Entdecker
neuen Territoriums*

*Wie Sahnetupfen
auf einer Torte
machen Schneehäubchen
eine Vogelscheuche
zu einer Schönheit*

*Meistens sind
Herz und Gefühl
Konkurrenten
von Kopf und Verstand*

*Wer die Schönheit
der Natur nicht versteht
dem würden auch
Worte nicht helfen*

*Verzweifle nicht
die Hoffnung
blüht nicht nur
im Frühling*

Für die ewig Gestrigen
gibt es kein Morgen

Für das Gestrige
ist es zu spät
für das Morgige
zu früh
ergo
lebe das Heute

*In jeder
kleinen Knospe
steckt ein
großes Wunder*

18

Durch die Wärme der Sonne
öffnen sich die Blüten
der Blumen
Durch die Liebe der Menschen
öffnen sich die Herzen

Mit Würde
und Gelassenheit
lässt sich
so manches Schicksal
leichter ertragen

Wer wirklich
über den Dingen steht
kann das auch
auf einem Fuß

Was du mit den
Augen erblickst
wird heller
wenn du es auch
mit dem Herzen siehst

Es müsste
Bienen geben
die den Blütenstaub
der Liebe
von Mensch
zu Mensch tragen

Früher dauerte es
Jahrhunderte
bis aus Bauwerken
Ruinen wurden
Heute werden Gebäude
schon als
Ruinen gebaut

Liebe
und Freundschaft
sind zwei Flüsse
die von derselben
Quelle gespeist werden

Blumen am Fenster
sind ein Blickfang
wie das Kleid
einer schönen Frau

Je weiter das Auge
sehen kann
desto größer wird
die Sehnsucht
nach der Ferne

Nur wer über
den anderen steht
hat den besseren
Überblick

In der Liebe
kann der Himmel
ganz schnell
zur Hölle werden

Viele auf der Welt
können nicht
miteinander leben
aber friedlich nebeneinander
sollte doch möglich sein

*Für die Ente
ist Einsamkeit
so unerträglich
wie Gesellschaft
für den Adler*

*Die Schauspieler
der Natur
machen in jeder Kulisse
eine gute Figur*

Es ist nicht
dein Reichtum
den dein Hund liebt
es bist Du

Wahre Liebe ist
in Stein gemeißelt
Liebelei nur
ins Eis geschrieben

30

Wer Blumen am Wegrand
nicht beachtet
geht auch an Menschen
achtlos vorbei

*In der Stille
ist es leichter
den anderen zu hören*

*Wenn es manchmal
auch ruhig ist
auf der Lebensstraße
sei wachsam
schnell gibt es
Gegenverkehr*

*Wer ein reines
Gewissen hat
braucht den Blick
in den Spiegel
nicht zu scheuen*

*Manche Menschen
verschenken
ihre Freiheit
indem sie sich
ein Leben lang
hinter einer
Maske verstecken*

*Der Mensch stößt
oft an Grenzen
aber die Gedanken
überwinden sie*

*Zwischen Saat
und Ernte
übernimmt die Natur
die Arbeit*

In deinem Spiegelbild
siehst du oft mehr
als dir lieb ist

Es ist immer ratsam
vor einem Abgrund
umzukehren
wenn man nicht
fliegen kann

Neugierde
ist die Brücke
zu Entdeckungen

Bedenklich ist
ein Chaos am Schreibtisch
wenn du es schon
ohne Brille
erkennen kannst

So mancher
freche Vogel
mausert sich
zu einem
höflichen Besucher

Ist einmal
der erste Funke
einer Liebe übergesprungen
kann schnell ein
Feuerwerk abbrennen

Tiere
brauchen keinen
Guide Michelin
sie finden auch so
die besten Futterplätze

Das Schöne
an Eisblumen ist
man braucht sie
nicht zu gießen

*Besser Eiszapfen
am Dach
als am Herzen*

*Du musst
das Leben lieben
um die
Liebe zu leben*

Das Wasser
und die Liebe haben
etwas gemeinsam
wenn es turbulent wird
schäumen sie

Am Baum der Gefühle
blühen die zartesten Blüten
genieße sie
aber verletzte sie nicht

Je kälter
es draußen wird
umso wärmer
werden drinnen
die Gefühle

Wenn die Liebe
im Kaminfeuer
des Herzens verbrennt
bleibt auch nur
Asche zurück

Wer groß ist
sollte nicht
so klein sein und
auf den anderen herabblicken

Wer sich die Nacht
um die Ohren schlägt
hat am Morgen
oft Kopfweh

*So mancher Versuch
endet schließlich
in einer Sucht*

*Auch in der Pflanzenwelt
gibt es Parasiten
die auf Kosten anderer
prächtig gedeihen*

*Meistens sind es
die kleinen Dinge
welche die großen
ins Wanken bringen*

*Manche Früchte
schmecken erst
im Spätherbst
besonders süß*

*Aus dem Schatten
kann nur der treten
der auch das Licht sieht*

*Was der Sommer
nicht verbraucht
muss der Herbst entsorgen*

Zu oft gehen
bei einem Spaziergang
die Füße und die Gedanken
nicht in die
gleiche Richtung

Wenn in der Natur
noch Stille herrscht
und der Tag
erst langsam erwacht
sollte auch der Mensch
noch schweigsam sein

*Auch ein scharfer
Verstand
hat manchmal
verschwommene Gedanken*

*Manchmal ist ein
scharfer Blick
nützlicher als ein
scharfer Verstand*

*Eine kurze Begegnung
ist oft
der Klebstoff für
eine feste Verbindung*

*Gelesene Worte
sind zeitlos
erst die Gedanken
ordnen sie zu*

*Mit einer Blume
kann auch
der Schweigsamste
viel sagen*

*Selbst das
schönste Netz
ist aus Arglist gesponnen*

Oft ist das
eigene Ich
gefangen im
Netz der Gedanken

Auch die Vergänglichkeit
treibt mit uns
im Lebensstrom
in die Zukunft

Beim Fotografieren
bekommt oft
der Durchblick
eine doppelte Bedeutung

Wein sollst du
mit Freude
und Genuss trinken
Kummer ist ein
schlechter Sommelier

Der Herbst
mit seiner Farbenpracht
regt uns an
nicht alles nur
schwarz-weiß zu sehen

So mancher
lockende Blick
eines billigen Flittchens
kann zum
teuren Vergnügen werden

In Gedanken
versunken zu sein
heißt nicht
darin zu ertrinken

In der Welt der Poesie
ist die Natur dieselbe
aber sie
wirkt intensiver

Wer dem Hass
eine Brücke baut
lädt den Krieg ein

Wer schon
in der Jugend schleimt
wird es im Alter
kaum lassen

Ist es Dekadenz
wenn man eine Pool Bar
mehr liebt als Arbeit

Knospen sind
die Ouvertüre
zum Konzert der Blüten

*Ein erfülltes Leben
ist wie ein Kaleidoskop
facettenreich mit
Ecken und Kanten*

*So mancher hat
im Garten schon
Willkommen stehen
aber sein Haus
bleibt verschlossen*

Jeder kann reden
wie er will
nur das Maul
sollte er dabei
nicht zu weit aufreißen

Liebe ist alles
auch Engel
und Teufel

Die Natur erträgt viel
sogar den Menschen

Ein Handwerker
ohne Kopf
ist wie ein Künstler
ohne Herz

*So mancher
der im Alter
jung sein möchte
war in der Jugend
schon alt*

*Liebe und Hass
beide kommen
vom Herzen*

*Im Winter
sehne ich mich
nach dem Frühling
im Frühling
nach dem Sommer
im Sommer
nach dem Herbst
im Herbst...
nach dem Frühling*

*Auch ein rauer Geselle
war bei seiner Geburt
ein zartes Pflänzchen*

Die Natur
braucht für ein Diadem
keine Diamanten
sie hat ihre Tautropfen

Was für den Komponisten
die Noten
sind für den Maler
die Farben

Die Empfänglichkeit
für das Schöne
ist dem Menschen angeboren
erleben wird es aber nur
wer es auch fühlt

Wer tief in sich hineinhört
wird die Klänge
seiner Seele hören

*In jeder nicht
abgefeuerten Gewehrkugel
spiegelt sich der Friede*

*Wenn die Natur
schreiben könnte
wäre es ein Bestseller*

Beim Anblick
junger Hühner
schwillt so manchem
alten Gockel
noch der Kamm

Ob Durchblick
oder Einblick
ist eine Frage
der Betrachtung

Im Frieden
werden Brücken gebaut
um sie im Krieg
vernichten zu können

Träume sind oft
wie Türme
die in den Himmel wachsen

Ein Chaos
am Schreibtisch
ist immer noch besser
als eines im Leben

Keine Verbindung
ist so stark
um sie nicht
zerreden zu können

*Leute die
große Töne spucken
erzeugen trotzdem
keine Melodie*

*Über den anderen
zu reden
ist leichter als
mit ihm zu reden*

Wie das Wasser
die Quelle des Lebens
ist die Freude
die Quelle des Glücks

Träume sind oft
die Spiegelbilder
der Vergangenheit

Niemand hört sich
so geduldig
deine Sorgen an
wie die Natur
bei einem Spaziergang

Es gibt mehr Brücken
über Flüsse
und Straßen
als von Mensch zu Mensch

*Wo sich die
Seele im Wasser spiegelt
findest du Ruhe*

*Erleben heißt
nicht nur
etwas zu sehen
sondern auch zu fühlen*

*W*o ich
zur Ruhe komme
geht meine Seele spazieren
und nur das Murmeln
der Gedanken
durchbricht die Stille

*D*ie Goldene Hochzeit
wird nicht durch Glanz
sondern durch eine gewisse
Patina zur Kostbarkeit

Die Natur ist
eines der
schönsten Bücher
wir sollten es
öfter zur Hand nehmen
und darin lesen

Musik ist und bleibt
ein Jungbrunnen
und Tanz das beste
Anti-Aging

*Kunst ist kein
Gegensatz von Natur
aber künstliche Natur
von Kunst*

*Die Ruhephase
der Natur
ist auch Labsal
für die Seele*

Wir suchen
und bewundern immer
die Sterne
am nächtlichen Himmel
auf Erden aber
sehen wir
den Nächsten nicht

Mit ein wenig
Blumenschmuck
wird selbst altes Holz
wieder attraktiv

*Je enger man
zusammen steht
umso leichter
trotzt man
einem Sturm*

*Auch in so mancher Ehe
gibt es manchmal
Tsunamiwarnung*

Ein Verliebter glaubt
dass er seine Geliebte versteht
Ein Ehemann weiß
dass er seine Frau
nicht versteht

Auf nichts
hoffen Menschen mehr
als auf die Hoffnung

*Bei so manchen
trüben Tassen
hilft auch kein Spülmittel*

*Ein Abenteuer
am Morgen
kann am Abend
ganz schön teuer werden*

*In der Jugend
wird das Alter verdrängt
im Alter
wird die Jugend vermisst*

*Wer behauptet
der Herbst
sei die beste Zeit
der hatte keinen
schönen Frühling*

Sex ist
trieb- und körpergesteuert
Liebe ist
seelisch-emotional
Erotik ist
psychologisch-geistig
Da kann einem schon
die Lust vergehen

Die schönste Brücke ist
wenn zwei Menschen
sich die Hände reichen

Gelassenheit
ist nicht angeboren
du musst sie erst erlernen

Ein Lachen
kann manchmal abstoßen
ein Lächeln aber wird
dich immer anziehen

Der Winter
mit seinen Eis-
und Schneekristallen
ist der Bildhauer der Natur
wie der Herbst
mit seiner Farbenpracht
der Maler

Du musst
viele Tore durchschreiten
bis du in den Raum
der Zufriedenheit gelangst

*L*iebe ist ...

Zwei Menschen eng verbunden
Mit einem unsichtbaren Band
aus Zärtlichkeit umwunden
Gefühl und Herz
geh'n Hand in Hand

Es ist immer schöner
Blumenköpfe anzusehen
als Kohlköpfen zuzuhören

Frühlingsgefühle
sind in den Herzen spürbar
Wohlige Wärme

*F*rühlingserwachen
die Buschwindröschen
auch Leberblümchen Veilchen
zieren schon den Waldesrand
Neubeginn

Wer sich auf den Weg macht
seine Seele zu erkunden
hat bestimmt ein ausgefülltes
Leben

Der Frühling ist da
gelb blühen die Rapsfelder
Labsal fürs Auge